Philosophie „to go"

Der Philosophenweg von
Garmisch-Partenkirchen

Ein Wanderlesebuch

Sylvia Mandt & Ferdinand Schmid

Fotos: Sylvia Mandt
Fotoatelier FlicFlac, Solingen

Herstellung und Verlag:
BoD - Books on Demand
Norderstedt bei Hamburg, 2016
2. Aufl.

ISBN 978-3-7392-1613-3

Inhalt

I. **Der Philosophenweg**:
   Wo kommt er her – wo geht er hin?
   Ein Gespräch … 9

II. **Der Weg an sich**:
   Eine Wegbeschreibung … 20

III. **Der Weg als Ziel**:
   Gedanken und Assoziationen … 30

IV. Anhang … 74

Der Philosophenweg von Partenkirchen
nach Farchant am Fuß des Wank -
gezeichnet von Lu Hirsch

I. Der Philosophenweg:
Wo kommt er her, wo geht er hin
- Ein Gespräch -

Sylvia Mandt (SM): Vor einiger Zeit hat mir der Markt Garmisch- Partenkirchen das silberne Treuabzeichen zu meinem dreißigsten Urlaubsaufenthalt in der Gemeinde verliehen. Fünfundzwanzig Mal davon habe ich in Ihrem Haus – einem der schönsten Häuser am Fuß des Sonnenberges Wank – verbracht. Direkt über Ihrem Anwesen beginnt der Philosophenweg. Der König Ludwig II. thront oberhalb und schaut von dort hinüber zur Wettersteinwand mit der markanten Dreitorspitze, der Alpspitze, bis hin zum Zugspitzmassiv.

Er hat die Berge geliebt, der Bayernkönig, und die Bürger Partenkirchens haben ihm diesen Platz gewidmet, als Dank für das Schachenschloss und die vielen mit diesem Bau verbundenen Arbeitsplätze und damit weniger Armut.

Den gleichen Blick wie der König hat man auch vom Balkon Ihrer Ferienwohnung aus. Ich bin jedes Mal aufs Neue ehrfürchtig und demütig vor der Höhe und Mächtigkeit der Berge und der Schönheit des Panoramas.

Ferdinand Schmid (FS): Ja, und ich betrachte es nach so vielen Jahren immer noch als Geschenk, hier zu leben.

SM: Sie sind 1930 in Partenkirchen geboren worden. Sie kennen Ihre Gemeinde sehr gut, haben jede Menge Veränderungen miterlebt....

FS: …positive und negative…

SM: …und Sie kennen sich hervorragend in Ihrer Heimat aus. Deshalb möchte ich mit Ihnen ein wenig über den Philosophenweg „philosophieren".

FS: In den Sie sich verliebt haben, wie mir scheint, so sehr, dass Sie sich vornahmen, ein Büchlein darüber zu schreiben.

SM: Das kann man so sagen. Außerdem bin ich der Meinung, dass der Weg in den Wanderführern zu wenig gewürdigt wird, dass die Touristen viel zu wenig über ihn wissen, und das finde ich schade.

FS: Daran soll sich nun etwas ändern. Sie haben mich gebeten, Daten und Fakten zu sammeln, was gar nicht so einfach war. Doch ich habe eifrig recherchiert, telefoniert und einiges herausgefunden.

SM: Wir sind nun ganz in Gerd Garmaiers Sinn eine Kooperation eingegangen und sind so schon mitten im Thema. Das Zitat des zeitgenössischen Unternehmensphilosophen, das da heißt „Kooperationen schaffen Freiheit durch Bindung" ziert eine der Ruhebänke auf dem Philosophenweg. Entlang des Weges stehen sehr viele Bänke mit philosophischen Zitaten. Wann und wie ist der Philosophenweg entstanden?

FS: Da müssen wir zurückgehen in die Geschichte meiner Heimat. Sie reicht bis in die vorchristliche Zeit. Erste Siedlungsanfänge sind etwa 2000 v. Chr. nachweisbar, größere Landflächen wurden für Ackerbau und Viehzucht nutzbar gemacht. Eintausend Jahre später kannte die aus illyrischen Stämmen bestehende Bevölkerung schon die Brenner-Scharnitz-Straße zwischen dem heutigen Italien und dem Gebiet nördlich der Alpen. Sie wurde später von den Römern übernommen, als Militär- und Handelsstraße nach Augsburg. Aus dieser Zeit stammt der Name „Partanum" für Partenkirchen, eine Station auf dem Weg von Verona nach Augsburg, die in alten römischen Karten erwähnt wurde. Hier entstanden später viele Häuser, Lagerung, Versorgung von Reisenden mit

Pferd und Wagen. Als dann die römische Herrschaft zerbrochen war und andere Wege für Handel und Reise gefunden wurden, tauchte Partenkirchen nach längerer Zeit 1145 wieder urkundlich auf. Im 13. Jahrhundert war die Nord-Süd-Strecke Teil der „Via Romea", einem Pilgerpfad, der von Stade bis nach Rom führte. Um 1300 erhielt Partenkirchen das Marktrecht. Ende des 19. Jahrhunderts wurde der Ort wegen seines milden Klimas von Sommerfrischlern aus München und vor allem aus England entdeckt. Sie sehen, die Tradition eines Weges ist schon sehr alt.

SM: Wann entstand denn nun der Philosophenweg, wie wir ihn heute kennen?

FS: Nicht zu schnell. Wir müssen uns langsam heran arbeiten und noch einmal die Geschichte bemühen. Hier am Hang wurde im Jahre 1704 von den Partenkirchener Bürgern zum Dank für die Verschonung vom Spanischen Erbfolgekrieg ihrem Schutzpatron, dem heiligen Antonius, eine kleine Kirche erbaut. Zu ihr führte ein felsiger Weg, der später mit Kreuzwegstationen bestückt wurde. Die Kirche wurde umgebaut und um ein Priesterseminar erweitert.

Um 1890 entstand der Weg unterhalb der Kirche und des Kreuzwegs, da wo der König Ludwig seinen Platz hat, ein Weg zu den neuen St. Anton-Anlagen, heute der Anfang des Philosophenwegs. Bevor er dieser wurde, hieß er „Schützensteig", weil er nach Errichtung des Schützenhauses im Jahre 1898 von den Anlagen aus 1901 dorthin erweitert wurde. 1928 wurde dieser Weg als Promenade ausgebaut und trägt seither den Namen „Philosophenweg". Das geht aus einer Notiz im Straßenbuch Partenkirchens hervor. In den Jahren zwischen 1950 und 1960 veranlassten zwei Kurdirektoren von Garmisch-Partenkirchen die Verlängerung des Weges über den Grund der bayrischen Staatsforsten nach Farchant. Er war hier für Partenkirchen gedacht als Pendant zum Kramer-Plateauweg auf der Garmischer Seite.

SM: Der Name „Kramer-Plateauweg" ist ja leicht nachzuvollziehen, der Weg führt auf einem Plateau am Hang des Berges „Kramer" entlang. Wie ist wer und warum auf den Namen „Philosophenweg" gekommen?

FS: Das entzieht sich meiner Kenntnis. Erst um 1980 begann man, am Philosophenweg mehr und mehr Ruhebänke aufzustellen und mit den grünen Zitatenschildern zu bestücken. Ein Gymnasiallehrer aus Partenkirchen hat die Zitate ausgewählt.

SM: Abschließend noch eine Frage: Wo führt der Weg genau entlang?

FS: Vom „Hölzl" übers „Brünnl" und „Schweinsbichl" nach „Forchheida".

II. Der Weg an sich: Eine Wegbeschreibung

von Ferdinand Schmid

Für mich ist der Philosophenweg einer der schönsten Panoramawege in dieser Gegend, wenn nicht gar der schönste. Denn in seinem ersten Teil gibt er Ausblicke auf den Wetterstein, später auf den Kramer und den Königstand, und wenn er schließlich parallel zum Loisachtal nach Norden schwenkt, gibt er den Blick auf das Ammergebirge frei.
Der Weg führt mit einem Gefälle von knapp fünfzig Höhenmetern rund um den Wankfuß. Dabei verläuft er immer über den von der Eiszeit vor ungefähr fünfunddreißigtausend Jahren eingeebneten Talboden.

Er beginnt nahe der Ortsmitte von Partenkirchen, an der St. Anton-Straße, unweit der historischen Ludwigstraße. Die erste Etappe beginnt im „Hölzel" (kleiner Wald) und führt unter der Wallfahrtskirche St. Anton, über den Atemwegspfad für die Kurgäste, vorbei am Denkmal für den König Ludwig. Darunter, am Hang, hat eine Bürgerinitiative, bei der ich als Mitglied auch heute noch aktiv bin, für die Kinder des Ortes einen Spielplatz errichtet. Seither erschallt dort täglich fröhliches Kinderlachen hinauf. Dem König wird's gefallen.

Seit 1998 kümmert sich die Bürgerinitiative auch um die Pflege des Weges von hier bis zum Schützenhaus, zum Beispiel mit Ausschneiden von Sichtfenstern. Denn der Mischwald mit vorwiegend Fichten, Eschen, Ahorn, Birken und Ulmen und etlichen Sträuchern wächst immer wieder so dicht zu, dass die Skischanze, die Abfahrten, der Ortsteil Garmisch usw. gar nicht mehr zu sehen sind.

Weiter geht's auf dem kiesbestreuten Weg, mal eben, mal sanft an- und absteigend, letztlich bergab zum Schützenhaus, das sich direkt unterhalb der Talstation der Wankbahn befindet. Hinter dem Schützenhaus, das nach langer Pause wieder bewirtschaftet ist, treiben zwei Schützenvereine aus Partenkirchen ihren Sport. Der älteste Verein wurde 1748 gegründet.

Noch kurz davor, neben dem großen Festplatz, wo jährlich im Sommer ein kleines „Oktoberfest" gefeiert wird, hat der 1891 gegründete Trachtenverein „Werdenfelser Heimat" 1991 sein Vereinsheim erbaut. Hier lernen die Partenkirchener

Buben noch das Schuhplatteln, das bei Festen und in der Saison im Hotel-Gasthaus „Schatten" zur Freude der Gäste aufgeführt wird. Dem Schattenwirt ist der Erhalt dieser Tradition wichtig, und es ist erfreulich, dass es immer noch reichlich Nachwuchs gibt.

Im weiteren Verlauf steigt der Weg am „Brünnl" (kleine Quelle) leicht an, überquert oben zunächst einen Bachlauf und führt dann, mal durch lockere, mal durch dichtere Wälder, Richtung „Schweinsbichl" (Bichl = Hügel). Darauf folgen Wiesen, die im Frühjahr von Almvieh bis zu dessen Almauftrieb auf die Eggenhütte oder die Esterbergalm beweidet werden. Später, im Sommer, weidet dort Talvieh.

Mehrere Bäche kommen von der Wankseite herunter, auch hier Ruhebänke, die, mit Zitaten von Philosophen versehen, zur Rast einladen.

Ein großer Graben vom Wank her markiert die Grenze zwischen Partenkirchen und Farchant (früher „Forchheida" = Föhrenheide). Er mündet in die letzte Weide, den Schweinsbichl. Hier markieren ein Weidezaun und ein Abfalleimer mit der Aufschrift „Markt Garmisch-Partenkirchen" die Grenze zwischen den beiden Gemeinden.

Über die Farchanter Weide erlangen die Wandersleut das Ende des Philosophenweges – oder seinen Beginn. Denn man kann ja auch in die andere Richtung gehen. Oder man fährt ab Ortsmitte Farchant mit dem Bus nach Garmisch und Partenkirchen (siehe Anhang).

Wegen seines geringen Höhenunterschiedes ist der Weg mit seinem angenehmen Kiesbelag für Kinderwagen und sogar für Rollatoren geeignet und wird im Winter geräumt und gestreut. Für Radfahrer und Mountainbiker ist die Strecke gesperrt – wenn diese des Lesens mächtig sind.

Die knapp vier Kilometer für eine Wegstrecke kann man als moderater Wanderer gut in eineinhalb Stunden schaffen. Muss man aber nicht, weil, wie wir im Folgenden erfahren, der Weg das Ziel ist!

III. Der Weg als Ziel: Gedanken und Assoziationen

von Sylvia Mandt

Für die meisten Menschen, die Urlaub in den Bergen machen, bedeutet das, aktiv zu sein. Nicht – wie bei Ferien am Meer – faul am Strand rum zu liegen, zur Abkühlung ein paar Züge zu schwimmen oder gar nur auf der Luftmatratze zu paddeln. Nein! In den Bergen bewegt sich der Mensch, wandert auf und ab, klettert rauf und runter, hat Stöcke, Seile, ein Bike oder einen Gleitschirm dabei. Kritiker nennen das Aktivismus oder „Verzweckung" der Bergwelt.

Die Aktiven entgegnen, dass sie auf diese Weise nutzen, was ihnen die Berge bieten und dass es keinesfalls nur um „Höher-Schneller-Weiter" geht. Mag sein.

Es gibt auch die, die mit der Seil- oder Gondelbahn nach oben fahren, dort mit dem Tross ein paar Schritte gehen, die Aussicht bewundern, um sich dann in die Berggaststätte zu begeben, wo man von der kräftigen Brotzeit über Nürnberger Würstl auf Kraut bis zum Zwetschgendatschi für jeden Geschmack etwas findet. Alles wird an der Kasse bestellt und bezahlt, dafür bekommt man dann ein Gerät mit an den Tisch, und wenn das piept oder brummt, eilt man zur Theke, um das Bestellte abzuholen.

Dazu ein Helles, einen Enzian oder ein Haferl Kaffee. So oder ähnlich gestärkt genießt der „Gipfelstürmer light" noch einmal den Blick nach unten ins Tal, befindet, dass es dort unten doch auch sehr schön sei, um sich deshalb mit der nächsten Gondel in eben dieses abseilen zu lassen. Derweil schwebt der Paraglider allein oder im Tandem schon zum dritten Mal an diesem Tag mit dem Aufwind über den Gipfeln, an den Felswänden hängen ein paar Kletterer kurz vor dem Gipfelkreuz, und unterhalb der Bergstation machen sich die Fitten, die noch ohne Knieprobleme sind, an den Abstieg.

Derlei ist von Frühjahr bis Herbst bei geeignetem Wetter so oder ähnlich immer wieder zu beobachten. Der Winter bringt dann den großen Skizirkus auf den Berg, die Bergwelt erstrahlt in blau-weiß, wie sich das für Bayern gehört, aber am Prinzip ändert sich nichts. Nur dass die meisten Menschen hier oben jetzt ein oder zwei Bretter unter den Füßen haben. Die anderen trinken Jagertee, Glühwein oder Prosecco und erfreuen sich an der lauten Popmusik vom Morgen über den Aprés-Ski bis in die Disconacht.

Wen der Berg ruft, der „bezwingt" ihn auf seine Weise, lässt sich zu einer Auseinandersetzung mit dessen Bedingungen und den eigenen Fähigkeiten herausfordern. All das ist schön, erfreut die Menschen und kostet eine Menge Geld. Dafür hat man zu Hause viel zu erzählen, zeigt nicht mehr nur vierundzwanzig oder sechsunddreißig Fotos, die früher auf einen Film passten, sondern die mit mindestens einhundert multiplizierte Anzahl, digitalisiert. Oder aber man ruft gleich an, simst, emailt, twittert oder postet, mit und ohne Selfie.

Wie auch immer, es scheint, als habe der urlaubende Mensch mehr Wert, je mehr er macht. Dabei unterscheidet sich die Urlaubszeit so gar nicht mehr von der Zeit, der man eigentlich entfliehen wollte. Statt den beruflichen und familiären Stress zu unterbrechen, setzt man ihn durch Leistungsdruck fort, muss dieses und jenes heute noch schaffen, das andere unbedingt morgen, die Zugspitze „machen", den Wank, das Karwendel, und wenn man alles gemacht hat, ist der Urlaub rum. Und ist so nur mehr von demselben, was den Alltag ausmacht.

Damit meine ich nicht, dass man sich dem Dolce-far-niente, dem süßen Nichtstun, hingeben, sondern auf einen harmonischen Wechsel von Anspannungs- und Entspannungsmodus achten soll.

Ich selbst gehöre (inzwischen) der Spezies der moderaten Bergwanderer an, fahre nicht ungern ganz oder teilweise mit einer Gondel auf den Berg hinauf oder hinab, laufe einen Höhenweg entlang und genieße eine Jause auf der Hütte. Dafür ist der Sonnenberg Wank, an dessen Fuß sich der Philosophenweg entlang schlängelt, ideal.

Hingegen scheint der Kramer, den man vom Weg aus voraus im Blick hat, auch bei sonnigem Wetter einen dunklen Umhang zu tragen. Keine Seilbahn führt hinauf – weshalb ich noch nicht oben war. Dabei bietet er bestimmt herrliche Aussichten auf die umliegenden Berge und auf große Teile des Philosophenwegs.

Diejenigen, die den Aufstieg nicht scheuen, genießen das sicher mit nur ganz wenigen anderen.

Wer sich also nicht stetig beweisen muss mit „Haxln und Kraxln", kann sich ab und zu auf ein alternatives Bergerlebnis einlassen, der „subalpinen Slowness". Deren Herausforderungen heißen Entschleunigung und Muße, sich Zeit zum Verweilen nehmen, den Blick nicht nur auf die herrliche Bergwelt, sondern auch nach innen richten und hoffen, dass man auch dort etwas Interessantes findet. Natürlich kann man einen Weg nur von A nach B gehen, bzw. von P. nach F. oder umgekehrt. Einfach nur gehen, die philosophischen Sprüche auf den Bänken ebenso ignorieren wie alles, was da am Wege kreucht und fleucht und wächst.

Dann dient der Weg als Transportband für den Körper. Das geht, ist aber schade! Was kann der Mensch als Wanderer oder Spaziergängerin mit der Vielzahl der Zitate von Philosophen der Antike bis zur Gegenwart anfangen? Hinter jedem Spruch steht eine Auffassung von der Welt, die sich nur nach intensivem Studium der Thesen und ihren Begründungen erschließt. Danach steht dem urlaubenden Menschen möglicherweise nicht der Sinn. Was mögen sich die „Erfinder" des Philosophenweges gedacht haben, was die Menschen mit ihm anfangen können? Daran, dass sie mit dem Smart- oder I-Phone laufen und die Zitate direkt vor Ort googeln, wohl nicht, denn der Weg entstand vor dieser Zeit. Heute ist das möglich. Mir ist allerdings noch niemand in besagter Art begegnet.

Auf einigen meiner Wanderungen habe ich Menschen angesprochen, sie gefragt, ob sie lesen, was auf den Schildchen steht. Die meisten wussten zwar, dass sie sich auf dem Philosophenweg befanden, weil er als solcher in den Wanderführern und an Wegkreuzungen ausgezeichnet ist. Viele hatten aber die Schilder noch gar nicht bemerkt. Andere hielten sie für Namen der edlen Stifter der Bänke. Einige räumten ein, den einen oder anderen Spruch gelesen zu haben, ihn entweder nicht verstanden oder sich nichts weiter dabei gedacht zu haben. Nur ganz wenige haben sich dem Weg als Philosophenweg bewusst zugewandt, haben beispielsweise alle Zitate gelesen, die besonders gefielen oder Fragen aufwarfen, fotografiert. Ein älterer Herr hat Lieblingszitate auswendig gelernt. Nun fiel ihm gerade keines ein, musste er zu seinem Bedauern einräumen, das Alter! Vermutlich freut er sich über den Anhang dieses Büchleins mit fast allen Zitaten.

Ja, man kann sich mit dem Philosophenweg vertraut machen. So wie es Antoine de Saint-Exupérys kleiner Prinz mit dem Fuchs tat: „Der war nichts anderes als ein Fuchs *(oder Weg)* wie hunderttausend andere. Aber ich habe ihn zu meinem Freund gemacht. Jetzt ist er einzigartig."

Wie geht das, sich einen Weg vertraut, zu einem Freund zu machen? Man kann dem Philosophenweg zum Beispiel mit einer philosophischen Haltung begegnen:

Schauen – Entdecken – Staunen – Hinterfragen. Und sich dafür Zeit nehmen. Es müssen nicht, wie bei mir, dreißig Jahre sein, aber etwas mehr Zeit, als ihn als lediglich als Transportband zu benutzen, braucht es schon, damit sich Vertrautheit entwickeln kann!

Das Hochgebirgspanorama habe ich mir übrigens zusammen mit meinen Schülern, die man damals noch „erziehungsschwierig" nannte (was sie auch waren), in einem Unterrichtsprojekt des äußerst begabten Lehramtsanwärters vertraut gemacht. Der junge Kollege baute mit den Jungs ein riesiges Alpenmodell aus Holz, einem Bettlaken, Zeitungspapier und Gips. Das war im Klassenraum zwar eine Riesenschweinerei, die das gute Verhältnis zur Hausmeisterin beinahe zerstört hätte, aber wir alle haben die wesentlichen Bergmassive und Gipfel von Wetterstein bis Waxenstein im bildhaften wie im Namensgedächtnis.

Meine Freundschaft mit dem Philosophenweg begann, als ich früher jeden Urlaubsmorgen dort gejoggt bin. Von den St. Anton-Anlagen bis zu der überdachten Bank mit einem Spruch von Demokrit:

„Gesundheit fordern die Menschen von den Göttern; dass sie aber die Macht darüber selbst in sich haben, wissen sie nicht."

An dieser Bank habe ich dann Dehnübungen gemacht und mich meiner Gesundheit erfreut. Heute walke ich den Weg, weil mein Rücken nicht mehr ganz gesund ist. Oder ich lasse es mit einem Spaziergang noch ruhiger angehen, setze mich auf die

Bank, betrachte dort unten im Kreisel am Ortseingang von Partenkirchen den allzeit regen Verkehr, höre mal die Sirenen des Rettungswagens, mal den schratternden Hubschrauber, beide unterwegs zum Krankenhaus. Dann frage ich mich schon, wie weit der Mensch die Macht über seine Gesundheit selbst in sich hat. Natürlich wissen wir, dass Bewegung an frischer Luft, Sport überhaupt, bewusste Ernährung und Lebensweise sowie geistige Anregung und seelische Ausgeglichenheit die Pfeiler unserer Gesundheit sind. Dass wir aber auf sehr viele Faktoren keinen oder nur wenig Einfluss haben, das haben wir auch begreifen müssen.

In ein paar Jahren jedenfalls wird dort unten nahe dem Kreisverkehr die Einfahrt zum Wank-Tunnel sein. Das wird Partenkirchen und der Luft gut tun.

Das Schild mit Demokrits Zitat ist übrigens – wie manche andere auch – zerkratzt worden. Einige seltsame Wesen haben die Schilder früher abgeschraubt und entwendet. (Wie meine Großmutter immer sagte: „Die Dummen werden nicht all!") Die neue Schilder-Generation ist mit nicht heraus drehbaren Schrauben versehen. Und jetzt kratzen die Dummen…

Hier auf der Bank fällt mir immer wieder meine Cousine ein. Sie wurde in Garmisch geboren und hat im Schloss Kranzbach nahe Klais ihre Nachkriegskindheit verbracht. (Damals war das noch natürlich noch kein Luxus- Wellness- Hotel, sondern diente als Krankenhaus, und der Vater der Cousine war dort Arzt.) Heute lebt sie in Westfalen. Wenn wir telefonieren und ich von meinen Reisen nach Garmisch Partenkirchen erzähle, gibt es einen so oder ähnlich gearteten Dialog:

- Ich möchte auch mal wieder in meine alte Heimat!
- Warum fährst du nicht?
- Ach, das ist mir zu anstrengend. Außerdem bräuchte ich nach wie vor ein neues Hüftgelenk. Ich kann doch so schlecht laufen.
- Hast du denn inzwischen abgenommen?
- Nein.

Sie ist Meisterin des Verhinderns, in allem, was ihr gut tun könnte! Und dann weiß ich wieder, dass Demokrit Recht hat, heute noch! Er hat übrigens von 460 bis 370 v. Chr. gelebt, gilt als letzter großer Naturphilosoph, gehörte zu den Vorsokratikern und hatte unter anderem auf Aristoteles großen Einfluss. Das habe ich gegoogelt.

Der Hang, von dem ich von der Bank aus hinauf oder hinab blicke, ist seit 2005, als Kyrill hier wütete, so gut wie baumleer. Früher war er bewaldet, vorwiegend mit Kiefern (oder Föhren oder Farchen). Von hier aus habe ich im Herbst Eichhörnchen und Eichelhäher beim Sammeln von Nahrung beobachtet. An den Bäumen hingen Vogelhäuschen. Alles weg! Schon seit fast zehn Jahren.

Wenn hier wieder aufgeforstet wird, dann nicht in Form einer Monokultur. Das Föhrenholz war ja früher Nutzholz, für Möbel und den Hausbau geeignet, und es wuchs schnell nach. Heute werden weitgehend andere Baustoffe benutzt. Irgendwann wird hier ein robusterer Mischwald stehen. Übrigens, Kyrill war kein Philosoph, der kluge Sprüche gemacht hätte, sondern ein heftiger Sturm, der über ganz Deutschland fegte und eine Menge Schäden anrichtete. Jetzt habe ich mich mit Ihnen schon so lange an einer Bank aufgehalten. Ich sagte ja, man soll sich Zeit nehmen, es gibt hier so viel zu sehen, zu hinterfragen, zu denken.

Ein anderes Zitat provoziert mich immer wieder aufs Neue: „Frei ist nicht, wer tun kann, was er will, sondern wer werden kann, was er soll."

Natürlich, schon klar, dass man nicht uneingeschränkt tun kann, was man will. Dass Freiheit ohne Verantwortung nicht zu denken und zu leben ist. Verantwortung für andere und für sich selbst. Das sagt auch das Zitat von Jean Paul Sartre, dem französischen Romancier, Philosophen und Publizisten:

„Wenn wir sagen, dass der Mensch für sich selber verantwortlich ist, so wollen wir nicht sagen, dass der Mensch gerade eben nur für seine Individualität verantwortlich ist, sondern dass er verantwortlich ist für alle Menschen."

D'accord! Aber wer sagt mir was ich werden soll? Da sträubt sich alles in mir. Der Erste und Letzte, der das versucht hat, war mein Vater. Es hat mich viel Zeit und Arbeit an mir selbst gekostet, das zu verarbeiten, erfolgreich hinter mir lassen und sagen zu können: Werde endlich die du bist!

Das Zitat „Frei ist nicht, wer tun kann was er will, sondern wer werden kann, was er soll" stammt von Paul Anton Lagarde (1827-1891). Er war in erster Linie Kulturphilosoph und Orientalist, aber in seinem politischen Denken Antisemit, und er träumte von einem expansionistischen Germanien. Er wird von Zeit- und Wissenschaftskollegen als streitsüchtig, antiquiert und unbeliebt beschrieben, erhielt aber von den Nationalsozialisten, (wie auch mein Vater einer war) breite Wirkung und Bedeutung im deutschen Bürgertum.

Es ist mir nicht ganz klar, warum Lagarde heute auf dem Philosophenweg wirken darf. Günstigstenfalls als Negativbeispiel. Oder ich habe etwas falsch verstanden...
Meine Freundin Mila wurde vom Alfred-Delp- Zitat:
„Die Freiheit ist der Atem des Lebens" besonders angesprochen. Mila ist in Sibirien in der damaligen Sowjetunion geboren und aufgewachsen. Wer kein Kommunist war, sagt sie, und noch dazu Russlanddeutscher, musste unzählige Kontrollgänge bei den Ämtern absolvieren, um eine Auslandsreise, zum Beispiel nach Bulgarien, genehmigt zu bekommen. Wer in der Nachbarschaft eine nicht konforme Meinung äußerte, wurde zumindest mit Unfreundlichkeit oder

Missachtung bestraft, manchmal aber auch bei der Obrigkeit angeschwärzt. Daraus habe sie gelernt, lieber den Mund zu halten. Letztlich haben sich fast alle an die Obrigkeit angepasst.

Seit fast achtzehn Jahren lebt Mila in Deutschland. Staatliche Autorität und Propaganda haben mir früher die Luft genommen, sagt sie. Den Atem der Reise- und Meinungsfreiheit möchte sie heute nicht mehr missen. Die Freiheit aber, für eigene Belange und Interessen kämpfen zu können, ohne Repressalien ausgesetzt zu sein, genießt sie besonders.

Alfred Delp, Jesuitenpater und Mitglied einer Widerstandsgruppe gegen den nationalsozialistischen Terror, formulierte einen Wunsch für nachfolgende Generationen. „Es sollen einmal andere besser und glücklicher leben dürfen, weil wir gestorben sind," heißt es in seinen Aufzeichnungen (kath.net vom 30.01.2005). Er wurde am 2. Februar 1945 von den Nationalsozialisten hingerichtet.

Auch von Thomas Morus (1478-1535) schmückt ein Zitat eine Bank. Morus war ein aufrechter Katholik und Heiliger (seit 1935), war unter Heinrich VIII. Lordkanzler von England und trat konsequent für die Autorität des Papstes ein. Als das seinem König missfiel, sollte Morus einen Eid leisten, der genau diese Autorität zurückwies. Als er diesen Eid ablehnte, wurde er als Hochverräter zum Tode durch Enthauptung verurteilt.

Thomas Morus hat viele Schriften herausgebracht. Sein bekanntestes Werk ist „Utopia", in dem er ein ideales Staatswesen entwirft, das sich durch Toleranz und Menschlichkeit, Vernunft und Bildung auszeichnet.

Mir war Thomas Morus auch und vor allem als Namensgeber einer Einrichtung der Erwachsenenbildung im Erzbistum Köln bekannt, bei der ich viele Reisen und Seminare gebucht habe. Auch mein allererstes Schreibseminar fand hier statt. Als ich damals meinem geschätzten alten Freund Wolfgang Leonhard davon erzählte, lachte er und sagte: „Über Thomas Morus habe ich damals in der Sowjetunion während meines Studiums ein Referat gehalten. Seine Insel Utopia hielten wir für den Idealentwurf von Sozialismus und

Kommunismus. Dass er Katholik war, haben wir ignoriert."[1]

Auch Freundin Mila lernte in der Schule, dass der Kommunismus nach dem Vorbild von Morus' Utopia Wohlstand für alle bringen würde. (Darauf warten viele Russen noch heute.) Dass Morus ein Kirchenmann war, hatte man auch ihr nicht erzählt. Das Zitat auf der Bank dagegen ist eines, das zu allen Zeiten ohne Wenn und Aber wahr und gültig ist:

„Habgierig und räuberisch macht alle Lebewesen immer nur die Furcht vor künftigem Mangel; nur bei dem Menschen kommt Hochmut hinzu, der es für einen

---

[1] Wolfgang Leonhard (1921-2014) lebte seit 1935 im Moskauer Exil, kehrte 1945 mit der „Gruppe Ulbricht nach Berlin zurück. Später brach er mit dem Stalinismus und floh in die BRD. Seitdem galt er als führender Ostexperte und lehrte u.a. an der Yale-Universität.

Ruhm hält, durch Prunken mit überflüssigen Dingen sich vor den anderen hervorzutun."

Selbstverständlich habe ich Herrn Schmid gefragt, welches Zitat für ihn eine große Bedeutung hat. „Den Spruch habe ich mir selbst ausgesucht und auch selbst an die Bank angeschraubt, sagt er mit einem Lächeln, denn schon seit Jahrzehnten ist er mein Wahlspruch." Dabei stamme er nicht einmal von einem Philosophen, sondern von der Schriftstellerin Pearl S. Buck: „Die wahre Lebensweisheit besteht darin, im Alltäglichen das Wunderbare zu sehen."

Herr Schmid erzählt, dass er in seinen fünfzig Berufsjahren in der Textil- und Bekleidungsindustrie, in der er 1948 als kaufmännischer Lehrling begann, viel von Deutschland und der Welt gesehen habe.

Pearl S. Buck (1892–1973)

Die wahre Lebensweisheit besteht darin, im Alltäglichen das Wunderbare zu sehen.

Aber er habe auch das Schicksal dieser einst so bedeutenden Branche in Deutschland mit den massiven Krisen in Wirtschaft und Politik am eigenen Leibe erfahren. Sein Wahlspruch habe ihn gelehrt, das Wunderbare im Kleinen und Alltäglichen zu sehen und ihm dadurch manches Mal geholfen, Vertrauen in die Zukunft zu fassen.

Neben dieser Bank mit dem Pearl S. Buck-Zitat steht eine weitere Bank. Auf der steht: „Gespendet von Ferdl Schmid". Die Bänke werden beschattet von drei stattlichen Lärchen, die der Ferdl mit Freunden von der Bürgerinitiative 1998 dort gepflanzt hat, die einzigen in diesem Wald. Kürzlich hat er einen Eichenspross in der Nähe entdeckt. Den hat er gleich frei geschnitten, damit sich auch diese Art hier entwickeln kann.

Für mich ist dieser Platz „An den drei Lärchen" an der höchsten Stelle zwischen St. Anton und dem Schützenhaus mit einem großartigen Ausblick auf Garmisch und die Berge der „Ferdinand- Schmid- Platz"!

Im Herbst anno 2015 habe ich anlässlich einer Taxifahrt vom Garmischer Bahnhof nach Partenkirchen – das ist nicht weit, und deshalb war der Fahrer gleich von Anfang an ein wenig grantig – am Philosophenweg nach einer geeigneten Antwort auf eine aktuelle Frage gesucht. Denn mit dem Taxifahrer hatte sich folgendes Gespräch entsponnen:

- Was woll'n denn die ganzen Schwarzen hier? Soll'n sie doch bleiben, wo sie herkommen. Wir haben nichts zu verschenken.
- Da ist Krieg, wo die herkommen, die wollen überleben und suchen hier Schutz!
- Soll'n sie halt kommen, wenn's uns gut geht!
- Dann wird es uns nie gut genug gehen!

Die Fahrt war zu Ende, und ich war unsicher, ob der Mann mich verstanden hatte.

Am Philosophenweg habe ich dann eine auch der heutigen politischen Meinung angemessene Antwort gefunden:

„Der Mensch braucht fortwährend die Hilfe seiner Mitmenschen, und er würde diese vergeblich von ihrem Wohlwollen allein erwarten. Er wird viel eher zum Ziel kommen, wenn er ihren Egoismus zu seinen Gunsten interessieren und ihnen zeigen kann, dass sie ihren eigenen Nutzen davon haben, wenn sie für ihn tun, was er von ihnen haben will."

Dieses Zitat stammt von Adam Smith (1723-1790). Er war schottischer Moralphilosoph und Mitbegründer der klassischen Nationalökonomie. Ob der Taxifahrer diese Sätze verstanden hätte? Skepsis ist angebracht!

Eines meiner Lieblingszitate auf dem Philosophenweg ist von Cicero. Der übrigens nicht Roger mit Vornamen heißt, sich meines Wissens auch nicht durch Gesang einen Namen gemacht hat und im Übrigen klassisch „kikero" ausgesprochen wurde. Cicero war römischer Politiker, Anwalt,

Schriftsteller und Philosoph, verrät Wikipedia. Das Zitat heißt:

„Wenn wir von den Sorgen und Geschäften des Alltags frei sind, dann haben wir ein Verlangen, etwas zu sehen, zu hören, Neues zu lernen, einzudringen in das Wesen der Dinge, die uns verborgen sind; wir sehen in diesem Wissendrang einen notwendigen Bestandteil des glücklichen Lebens."

Ja, das Schreiben macht mich glücklich. Um damit endlich beginnen zu können, musste ich zunächst von den Sorgen und Geschäften des Alltags frei werden. Besser spät als nie, auch um den Preis des Älterwerdens.

„Mein" Philosophenweg, den ich mir vertraut gemacht habe, ist für mich einzigartig, und es wird mir mit ihm nicht langweilig. Vielleicht stelle ich beim nächsten Besuch fest, dass ich plötzlich ein Zitat verstehe, dass mir zuvor nebulös war. Das sind Entdeckungen, über die ich mich freuen kann.

Welche Zitate beschäftigen Ihre Gedanken? Welche möchten Sie hinterfragen?

Möchten Sie darüber reden? Laden Sie die Menschen, die Ihnen auf dem Weg begegnen, zum Gedankenaustausch ein, ohne Anspruch auf Recht oder Richtigkeit! Natürlich können Sie auch die sozialen Medien bemühen, aber das ist Geschmacks- und wahrscheinlich auch Alterssache. Ich schätze noch den persönlichen Kontakt.

Vielleicht ist dem ernstzunehmenden Philosophen und seiner Kollegin mein Umgang mit der Philosophie zu simpel. Das darf sein! Ich hatte nicht die Absicht und nicht die Voraussetzung, eine wissenschaftlich korrekte Arbeit zu verfassen.

Meine Philosophie *light* und *to go*, und das ist das Hauptanliegen dieses Büchleins, soll aufmerksam machen auf das, was ein jeder Mensch auf dem Philosophenweg für sich als Möglichkeit des Vertrautmachens entdecken kann. Er mag die Wanderung am König- Ludwig- Denkmal gerne mit dem Absingen des Liedes „Die Gedanken sind frei" beginnen, das auf der Bank darunter zitiert wird (vollständiger Text im Anhang), sich in der Früh der Meditation auf einer Bank seiner Wahl hingeben oder am Abend über einen philosophischen Spruch philosophieren. Oder umgekehrt. Allein oder mit anderen. Oder natürlich eine wissenschaftliche Arbeit darüber schreiben. Mit und ohne Googeln. Hauptsache, der Philosophenweg von Partenkirchen ist im Bewusstsein.

Abschließend das Zitat auf einer Bank hinter dem Schweinsbichl Richtung Farchant, wo die Schildchen noch aufgehübscht werden sollten. Da steht:

„Wir sind alle Pilger. Wir wandern auf verschiedenen Wegen zum gemeinsamen Ziel." Das hat Antoine de Saint-Exupéry gesagt. Wie er das wohl gemeint haben mag?

Bleiben Sie neugierig!

Anhang

Lied: Die Gedanken sind frei

Die Gedanken sind frei,
wer kann sie erraten?
Sie fliegen vorbei
wie nächtliche Schatten.
Kein Mensch kann sie wissen,
kein Jäger erschießen
mit Pulver und Blei.
Die Gedanken sind frei!

Ich denke, was ich will
und was mich beglücket,
doch alles in der Still',
und wie es sich schicket.
Mein Wunsch und Begehren
kann niemand verwehren.
Es bleibet dabei:
Die Gedanken sind frei!

Und sperrt man mich ein
im finsteren Kerker,
ich spotte der Pein
und menschlicher Werke;
denn meine Gedanken
zerreißen die Schranken
und Mauern entzwei:
Die Gedanken sind frei!

Drum will ich auf immer
Den Sorgen entsagen,
und will mich auch nimmer
mit Grillen mehr plagen.
Man kann ja im Herzen
stets lachen und scherzen
und denken dabei:
Die Gedanken sind frei!

Das Freiheitslied von Hoffmann v. Fallersleben befindet sich in der Sammlung „Schlesische Volkslieder" (1842). Es stammt ursprünglich aus dem Jahr 1790.

Auswahl der angebrachten Zitate

(Stand Oktober 2015)

Anaximander (um 610-545 v. Chr.)
Ursprung der Dinge ist das Grenzenlos-Unbestimmbare. Woraus aber das Werden der Dinge ist, in das hinein geschieht auch ihr Vergehen; denn sie zahlen einander gerechte Buße für ihre Ungerechtigkeit nach der Ordnung der Zeit.

Buck, Pearl S. (1892-1973)
Die wahre Lebensweisheit besteht darin, im Alltäglichen das Wunderbare zu sehen.

Cicero (106-43 v. Chr.)
Wenn wir von den Sorgen und Geschäften des Alltags frei sind, dann haben wir ein

Verlangen, etwas zu sehen, zu hören, Neues zu lernen, einzudringen in das Wesen der Dinge, die uns verborgen sind; wir sehen in diesem Wissensdrang einen notwendigen Bestandteil des glücklichen Lebens.

Demokrit (um 460- um 370 v. Chr.)
Gesundheit fordern in ihren Gebeten die Menschen von den Göttern; dass sie aber die Macht darüber in sich selbst haben, wissen sie nicht.

Delp, Alfred (1907-1945)
Die Freiheit ist der Atem des Lebens.

Descartes, René (1576-1650)
Alles, was ich von außen wahrnehme, könnte Täuschung sein; alles, was ich

denken mag, könnte falsch sein – aber im Zweifel werde ich meiner selbst eines denkenden Wesens gewiss: Ich denke, also bin ich.

Eichendorff, Joseph von (1756-1818)
Und komm ich früh und komm ich spät ans Ziel, das mir gestellt, verlieren kann ich mich doch nie, o Gott, aus Deiner Welt.

Epikur (341-270 v. Chr.)
Es ist besser, manche von den Leiden auszuhalten, damit wir dann umso größere Lust genießen; und es ist nützlich, auf manche von den Genüssen zu verzichten, damit wir nicht später schlimmere Schmerzen erleiden müssen.

Garmaier, Gerd (geb. 1956)
Kooperationen schaffen Freiheit durch Bindung.

Goethe, Johann Wolfgang (1749-1832)
Die Natur ist das einzige Buch, das auf allen Blättern großen Inhalt bietet.

Hegel, Georg Wilhelm Friedrich (1770-1860)
Das verschlossene Universum hat keine Kraft in sich, dem Mute des Erkennens Widerstand zu leisten. Es muss sich vor ihm auftun und seine Reichtümer und seine Tiefen dem Geiste zum Genusse darbringen.

Heraklit (um 500 v. Chr.)
In dieselben Flüsse steigen wir und steigen wir nicht; denen, die in dieselben Flüsse hinein steigen, strömen andere und wieder andere Wasserfluten zu.

Hobbes, Thomas (1588-1679)
Der Wunsch nach Reichtum, Ehre, Herrschaft und Macht jeder Art facht den Menschen zum Streit, zur Feindschaft und zum Krieg an. Hieraus ergibt sich, dass ohne eine einschränkende Macht der Zustand der Menschen ein Krieg aller gegen alle sei.

Kant, Immanuel (1724-1831)
Die beste Verfassung ist die, wo nicht die Menschen, sondern die Gesetze machthabend sind.

Kleanthes (304-233 v. Chr.)
Ach des Narren, der immer Besitz des Guten begehret und verkennet des Herrn der Natur allwaltende Richtschnur, will nicht hören, was, wenn er gehorcht, ihm glückliches Leben und Verstand gewährte.

Lagarde, Paul Anton (1827-1891)
Frei ist nicht, wer tun kann, was er will, sondern wer werden kann, was er soll.

Morus, Thomas (1478-1535)
Habgierig und räuberisch macht alle Lebewesen immer nur die Furcht vor künftigem Mangel; nur bei dem Menschen kommt Hochmut hinzu, der es für einen Ruhm hält, durch Prunken mit überflüssigen Dingen sich vor den anderen hervorzutun.

Nietzsche, Friedrich Wilhelm (1844-1900)
Die Welt ist tief – und tiefer als der Tag gedacht. Tief ist ihr Weh – Lust tiefer noch als Herzeleid. Weh spricht: Vergeh! – Doch alle Lust will Ewigkeit.

Platon (427-347 v. Chr.)
Wenn nicht entweder die Philosophen Könige werden in den Staaten oder die Könige und Machthaber wahrhaft und gründlich philosophieren: eher gibt es keine Erholung von dem Übel für die Staaten und auch nicht für das menschliche Geschlecht.

Popper, Karl (1902-1994)
Es stellt sich heraus, dass unser Wissen immer nur in vorläufigen und versuchsweisen Lösungen besteht und daher prin-

zipiell die Möglichkeit einschließt, dass es sich als irrtümlich und also als Nichtwissen herausstellen wird.

Saint-Exupéry, Antoine (1900-1944)
Wir sind alle Pilger. Wir wandern auf verschiedenen Wegen zum gleichen Ziel.

Sartre, Jean Paul (1905-1980)
Wenn wir sagen, dass der Mensch für sich selber verantwortlich ist, so wollen wir nicht sagen, dass der Mensch gerade eben für seine Individualität verantwortlich ist, sondern dass er verantwortlich ist für alle Menschen.

Schelling, Friedrich Wilhelm (1775-1854)
Was wir Natur nennen, ist ein Gedicht, das in geheimer, wunderbarer Schrift ver-

schlossen liegt. Doch könnte das Rätsel sich lösen, würden wir die Odyssee des Geistes darin erkennen, der wunderbar getäuscht, sich selber suchend, sich selber flieht.

Schopenhauer, Arthur (1788-1860)
Die Dogmen wechseln, und unser Wissen ist trüglich; aber die Natur irrt nicht: Ihr Gang ist sicher und sie verbirgt ihn nicht. Jedes ist ganz in ihr, uns sie ist ganz in jedem.

Smith, Adam (1723-1790)
Der Mensch braucht fortwährend die Hilfe seiner Mitmenschen, und er würde diese vergeblich von ihrem Wohlwollen allein erwarten. Er wird viel eher zum Ziele kommen, wenn er ihren Egoismus zu sei-

nen Gunsten interessieren und ihnen zeigen kann, dass sie ihren eigenen Nutzen davon haben, wenn sie für ihn tun, was er von ihnen haben will.

Sokrates (um 470-399 v. Chr.)
Was meint der Gott mit der Behauptung, ich sei der Weiseste? Ich scheine um dieses Wenige weiser zu sein als andere, dass ich, was ich nicht weiß, auch nicht zu wissen glaube.

Twain, Mark (1835-1910)
Blicke in Dein Inneres. Da drinnen ist eine Quelle des Guten, die niemals aufhört zu sprudeln, solange du nicht aufhörst, danach zu graben.

Gaststätten am Wegesrand

- Gasthaus Schatten
  Sonnenbergstr. 10-12
  82467 GAP
  Tel.: 08821-943089-0
  tägl. außer Mittwoch bis 24 Uhr

- Landhotel & Berggasthof Panorama
  St. Anton 3, 82467 GAP
  Tel.: 08821- 9669070
  tägl. außer Mo 8-18 Uhr

- Schützenhaus
  Wankbahnstr. 1
  82467 GAP
  Tel.: 08821-9087790
  tägl. außer Di

- Da Nico
Esterbergstr. 37
82490 Farchant
Tel.:08821-68718
tägl. außer Mi, nachm. Pause,
Sonntag durchgehend

Busverbindungen

Von Farchant
nach Garmisch und Partenkirchen
verkehren die Linien 3/4 und 3/5
sowie umgekehrt von Partenkirchen
und Garmisch nach Farchant.
Fahrpläne gibt es bei den
Gemeindewerken Garmisch-Partenkirchen
sowie unter www.gw-gap.de und
Tel.: 08821/753-323.

Sylvia Mandt, geb. am 28. März 1946 in Solingen, Sonderpädagogin und Kinder-/ Jugendlichenpsychotherapeutin, schreibt seit der Pensionierung Geschichten und Gedichte. Seit ihrer Kindheit verbringt sie die Ferien sehr oft in den bayrischen Alpen.

www.prosablüten.de

Ferdinand Schmid, geb. am 29. Juni 1930 in Partenkirchen, war fünfzig Jahre lang Textilkaufmann (vorwiegend Trachten und Loden) in vielen Ländern Europas. Er ist seit 1998 in einer Bürgerinitiative zur Pflege des Philosophenweges aktiv.

Notizen